Impressum
Verlag: BABADADA GmbH, Nedderfeld 112 , 22529 Hamburg
Geschäftsführer / Verlagsleitung: Harald Hof
Druck: Books on Demand GmbH, In de Tarpen 42, 22848 Norderstedt

Imprint
Publisher: BABADADA GmbH, Nedderfeld 112 , 22529 Hamburg, Germany
Managing Director / Publishing direction: Harald Hof
Print: Books on Demand GmbH, In de Tarpen 42, 22848 Norderstedt, Germany

училище

کلاس درس
класна стая

تقسیم کردن
деление

186/2

تخته
черна дъска

حیاط مدرسه
училищен двор

معلم
учител

کاغذ
хартия

نوشتن
пиша

خودکار
химикал

میز تحریر
бюро

خط کش
линеал

کتاب
книга

دانش آموز
ученик

کیف مدرسه

ученическа раница

جامدادی

ученически несесер

مداد

молив

تراش

острилка за моливи

پاک کن

гума

دفتر رسم

блок за рисуване

طراحی

рисунка

قلم مو

четка

جعبه ی آبرنگ

акварелни бои

قیچی

ножица

چسب

лепило

کتاب تمرین

тетрадка за упражнения

تکلیف خانه

домашна работа

رقم

число

جمع کردن

събиране

تفریق کردن

изваждане

ضرب کردن

умножение

محاسبه کردن

смятане

حرف الفبا

буква

الفبا

азбука

کلمه

дума

متن

текст

خواندن

чета

گچ

тебешир

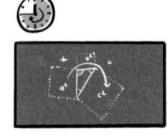

درس

час

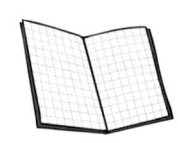

ثبت نام

дневник на класа

امتحان

изпит

مدرک رسمی

свидетелство

لباس مدرسه

ученическа униформа

تحصیلات

образование

دانشنامه

справочник

دانشگاه

университет

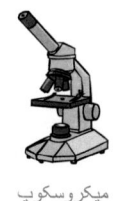

میکروسکوپ

микроскоп

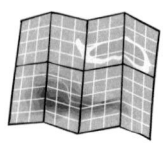

نقشه

карта

سبد کاغذ باطله

кошче за хартиени
отпадъци

سفر
пътуване

هتل
хотел
Grand
مسافرخانه
хостел
ROOMS
CHANGE
صرافی
обменно бюро
چمدان
куфар
اتومبیل
кола

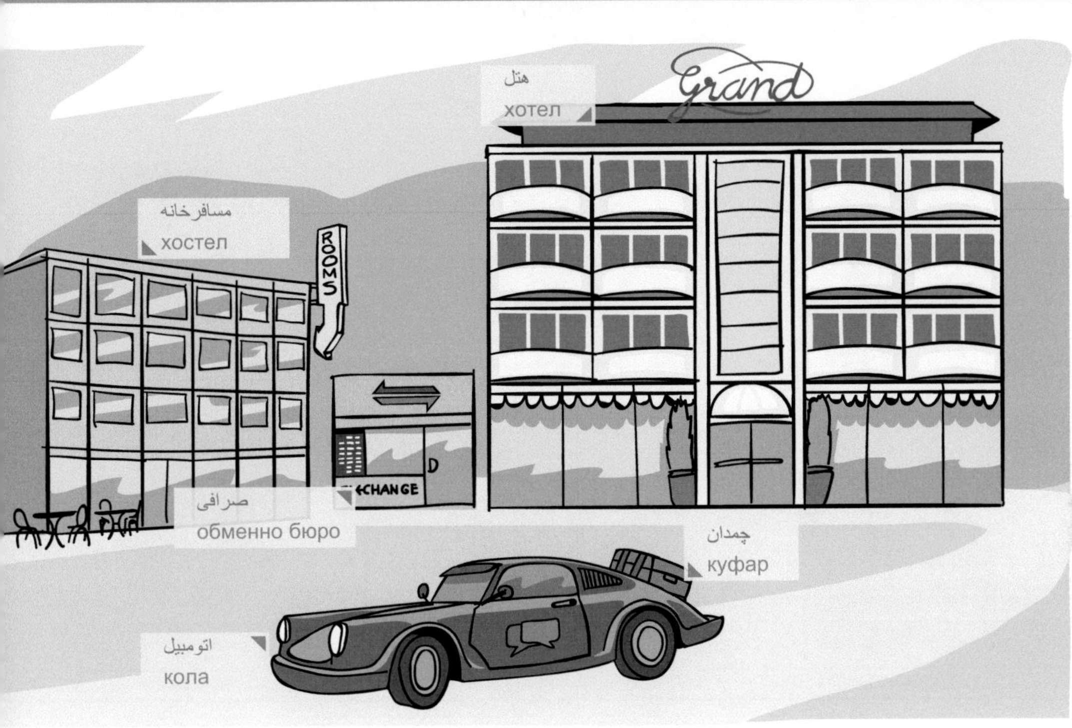

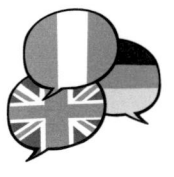

زبان

език

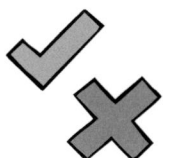

بله / خیر

да / не

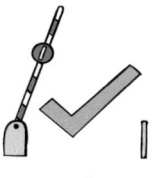

اکی

Океи

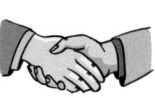

سلام

здравей

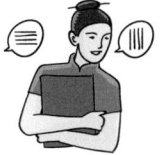

مترجم

преводач

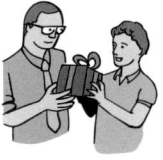

ممنون

Благодаря

قیمت ... چه قدر است؟

Колко струва…?

من متوجه نمی شوم

Не разбирам

مشکل

проблем

عصر بخیر! / شب بخیر!

Добър вечер!

صبح بخیر!

Добро утро!

شب بخیر!

Лека нощ!

خدانگهدار

довиждане

جهت

посока

بار سفر

багаж

کیف

пътна чанта

کوله پشتی

раница

مهمان

посетител

اتاق

стая

کیسه خواب

спален чувал

خیمه

палатка

مرکز راهنمای گردشگران

туристическа информация

ساحل

плаж

کارت اعتباری

кредитна карта

صبحانه

закуска

نهار

обед

شام

вечеря

بلیط

билет

آسانسور

асансьор

مهر

пощенска марка

مرز

граница

گمرک

митница

سفارتخانه

посолство

ویزا

виза

گذرنامه

паспорт

حمل و نقل

транспорт

هواپیما
самолет
کشتی
кораб
ماشین آتش نشانی
пожарна кола
کامیون
товарен автомобил
اتوبوس
автобус
قایق موتوری
моторна лодка
دوچرخه
велосипед
اتومبیل
кола

کشتی مسافربری

ферибот

قایق

лодка

موتورسیکلت

мотоциклет

ماشین پلیس

полицейска кола

ماشین مسابقه

състезателна кола

ماشین کرایه ای

кола под наем

به اشتراک گذاری اتوموبیل

каршеринг

جرثقیل

автомобил от "Пътна помощ"

ماشین حمل زباله

сметовоз

موتور

двигател

بنزین

бензин

پمپ بنزین

бензиностанция

تابلو راهنمایی و رانندگی

пътен знак

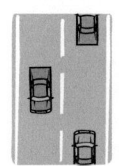

عبور و مرور

улично движение

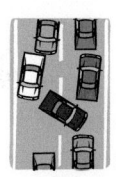

ترافیک

задръстване

پارکینگ

паркинг

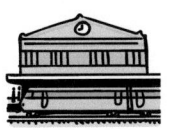

ایستگاه قطار

гара

ریل راه آهن

релси

قطار

влак

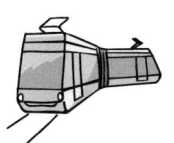

قطار برقی

трамвай

واگن

вагон

هلیکوپتر

хеликоптер

فرودگاه

аерогара

برج

кула

مسافر

пасажер

کانتینر

контейнер

کارتن

кашон

گاری

ръчна количка

سبد

кошница

به پرواز درآمدن / فرود آمدن

излитам / приземявам се

شهر

град

دهکده

село

مرکز شهر

градски център

خانه

къща

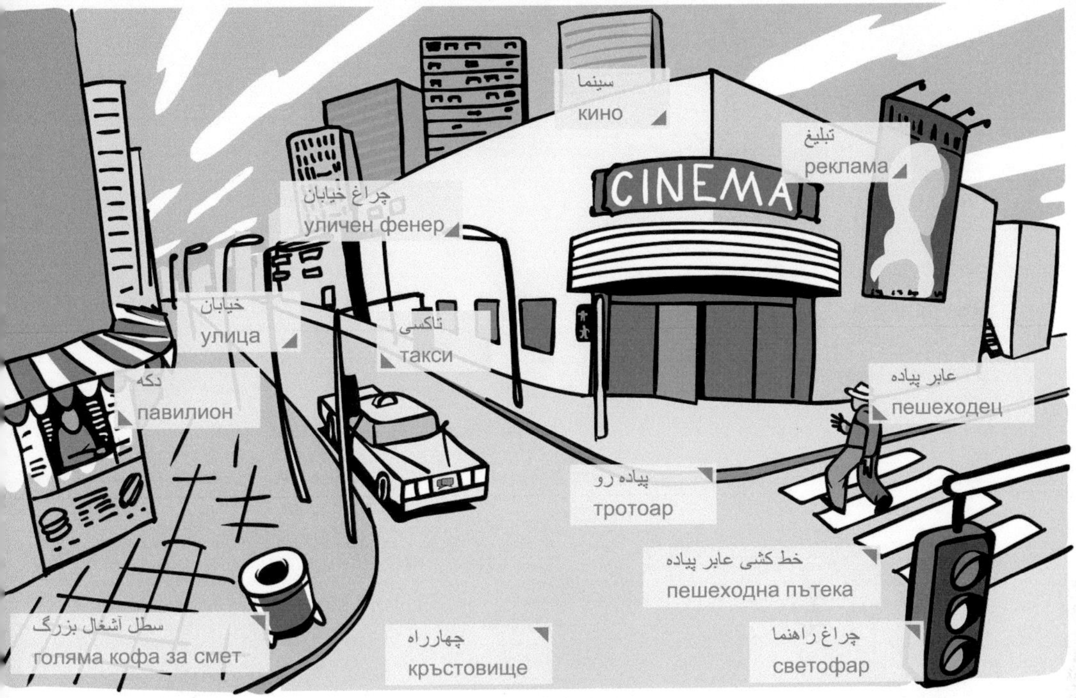

سینما
кино
تبلیغ
реклама
CINEMA
چراغ خیابان
уличен фенер
خیابان
улица
تاکسی
такси
دکه
павилион
عابر پیاده
пешеходец
پیاده رو
тротоар
خط کشی عابر پیاده
пешеходна пътека
سطل آشغال بزرگ
голяма кофа за смет
چهارراه
кръстовище
چراغ راهنما
светофар

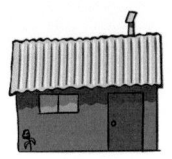

کلبه

хижа

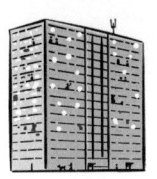

آپارتمان

жилище

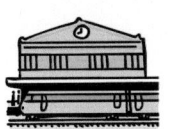

ایستگاه قطار

гара

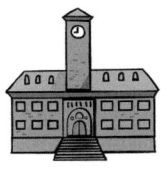

ساختمان شهرداری

кметство

MUSEUM

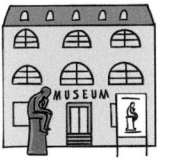

موزه

музей

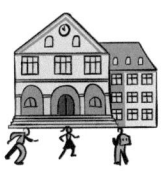

مدرسه

училище

دانشگاه

университет

بانک

банка

بیمارستان

болница

هتل

хотел

داروخانه

аптека

اداره

офис

کتابفروشی

книжарница

مغازه

магазин за цветя

گل فروشی

магазин за цветя

سوپرمارکت

супермаркет

بازار

пазар

فروشگاه بزرگ

универсален магазин

ماهی فروش

търговец на риба

مرکز خرید

търговски център

بندر

пристанище

پارک

парк

نیمکت

пейка

پل

мост

پله

стълба

مترو

метро

تونل

тунел

ایستگاه اتوبوس

автобусна спирка

میخانه

бар

رستوران

ресторант

صندوق پست

пощенска кутия

تابلوی خیابان

улична табелка

دستگاه پارکومتر

часовник за паркинг
престой

باغ وحش

зоологическа градина

استخر شنای عمومی

плувен басейн

مسجد

джамия

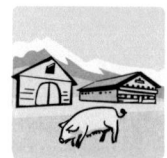

مزرعه

селски двор

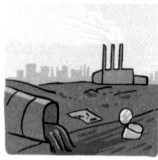

آلودگی محیط زیست

замърсяване на околната среда

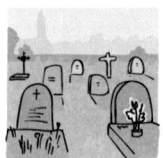

قبرستان

гробище

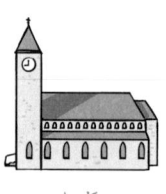

کلیسا

църква

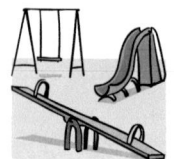

زمین بازی

детска площадка

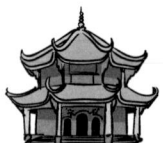

معبد

храм

چشم انداز

пейзаж

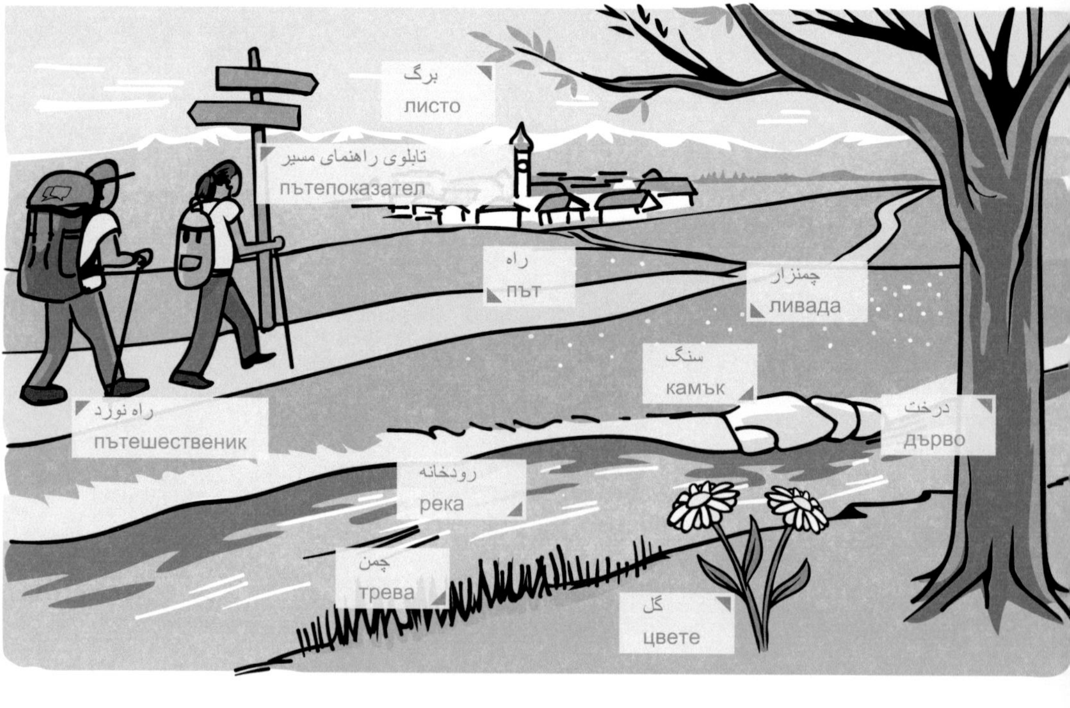
برگ
листо
تابلوی راهنمای مسیر
пътепоказател
راه
път
چمنزار
ливада
سنگ
камък
راه نورد
пътешественик
درخت
дърво
رودخانه
река
چمن
трева
گل
цвете

دره

долина

تپه

планина

دریاچه

море

جنگل

гора

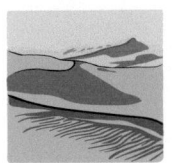

بیابان

пустиня

کوه آتشفشان

вулкан

قلعه

замък

رنگین کمان

дъга

قارچ

гъба

درخت نخل

палма

پشه

комар

مگس

муха

مورچه

мравка

زنبور

пчела

عنکبوت

паяк

چشم انداز - пейзаж

سوسک

бръмбар

قورباغه

жаба

سنجاب

катеричка

جوجه تیغی

таралеж

خرگوش صحرایی

заек

جغد

кукумявка

پرنده

птица

قو

лебед

گراز

диво прасе

گوزن نر

елен

گوزن شمالی

лос

سد آب

бент

توربین بادی

вятърна турбина

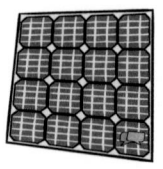

صفحه ی خورشیدی

соларен модул

آب و هوا

климат

رستوران

ресторант

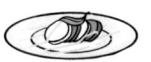

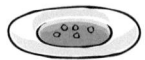

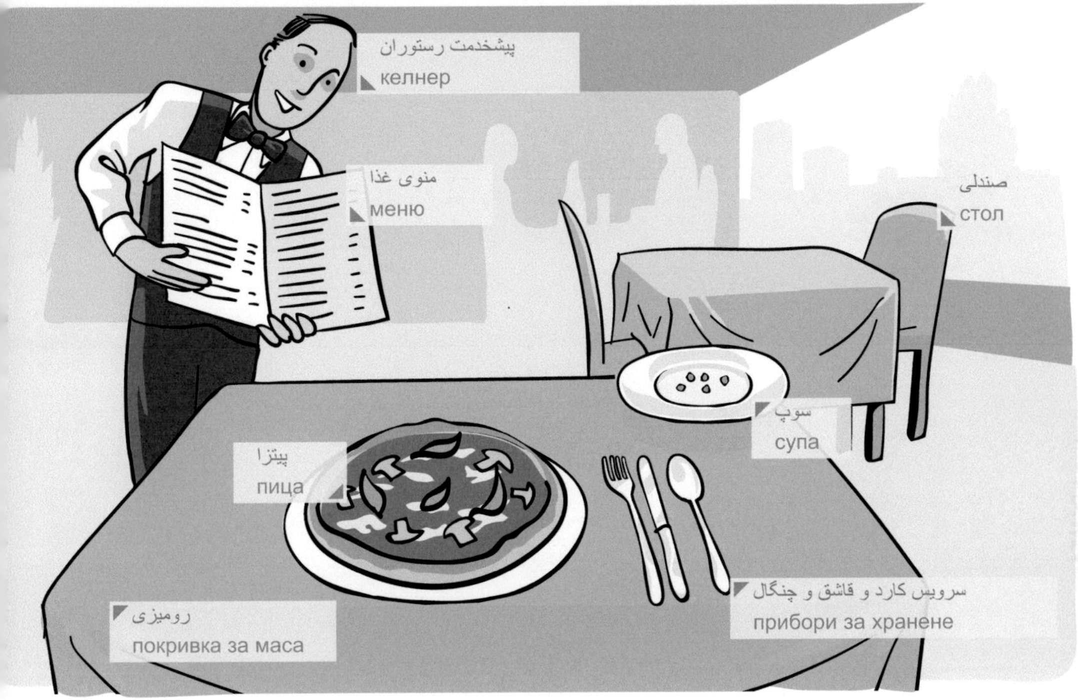

پیشخدمت رستوران
келнер
منوی غذا
меню
صندلی
стол
سوپ
супа
پیتزا
пица
سرویس کارد و قاشق و چنگال
прибори за хранене
رومیزی
покривка за маса

پیش‌غذا

предястие

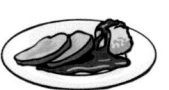

غذای اصلی

основно ястие

دسر

десерт

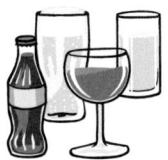

نوشیدنی ها

напитки

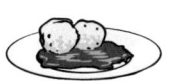

غذا

ядене

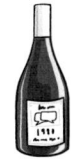

بطری

бутилка

فست فود

بързо хранене

اغذیه خیابانی

улична храна

قوری

кана за чай

قندان

кутия за захар

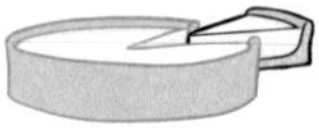

پُرس غذا

порция

دستگاه اسپرسو

еспресо машина

صندلی پایه بلند غذاخوری بچه

висок детски стол

صورتحساب

сметка

سینی

табла

چاقو

ножица за нокти

چنگال

вилица

قاشق

лъжица

قاشق چایخوری

чаена лъжичка

دستمال سفره

салфетка

لیوان

стъклена чаша

رستوران - ресторант

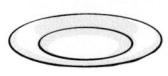

بشقاب
....
чиния

بشقاب سوپخوری
....
чиния за супа

نعلبکی
....
чинийка

سس
....
сос

نمکدان
....
солница

فلفل ساب
....
мелничка за черен пипер

سرکه
....
оцет

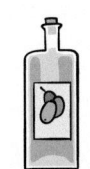

روغن خوراکی
....
олио

ادویه جات
....
подправки

سس کچاپ
....
кетчуп

سس خردل
....
горчица

سس مایونز
....
майонеза

سوپرمارکت
супермаркет

پیشنهاد ویژه
оферта
FOR
مشتری
клиент
لبنیات
млечни продукти
میوه جات
плодове
چرخ دستی خرید
количка за покупки

قصابی

кланица

نانوایی

хлебарница

وزن کردن

тегля

سبزیجات

зеленчуци

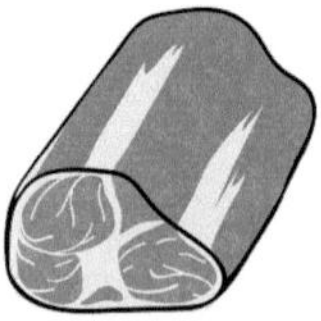

گوشت

месо

غذای منجمد

дълбоко замразена храна

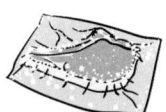

مخلوطی از انواع کالباس یا پنیر که ورقه ای بریده شده باشند
....
нарязан колбас или сирене

غذای کنسروی
....
консерви

پودر لباسشویی
....
перилен препарат

شیرینی جات
....
лакомства

لوازم خانگی
....
домакински изделия

ماده شوینده و پاک کننده
....
почистващи препарати

فروشنده
....
продавачка

صندوق پرداخت
....
каса

صندوقدار
....
касиер

لیست خرید
....
списък на покупките

ساعات کار
....
работно време

کیف پول
....
портфейл

کارت اعتباری
....
кредитна карта

کیف
....
чанта

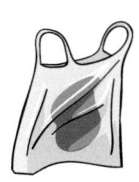

کیسه ی پلاستیکی
....
пластмасова торба

نوشیدنی ها
напитки

آب

вода

آبمیوه

сок

شیر

мляко

نوشابه کوکاکولا

кола

شراب

вино

آبجو

бира

الکل

алкохол

کاکائو

какао

چای

чай

قهوه

кафе машина

قهوه اسپرسو

еспресо

کاپوچینو

капучино

موز

банан

سیب

ябълка

پرتقال

портокал

انواع هندوانه و خربزه

пъпеш

لیمو

лимон

هویج

морков

سیر

чесън

نی بامبو

бамбук

پیاز

лук

قارچ

гъба

آجیل

ядки

ماکارونی

макарони

اسپاگتی

спагети

برنج

ориз

سالاد

салата

سیب زمینی سرخ کرده

пържени картофи

سیب زمینی سرخ شده

печени картофи

پیتزا

пица

همبرگر

хамбургер

ساندویچ

сандвич

شنیتسل

шницел

ژامبون خوک

шунка

سالامی

траен колбас

سوسیس

салам

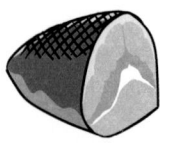

مرغ

пиле

نوعی گوشت سرخ شده

печено

ماهی

риба

جوی پرک شده

овесени ядки

نوعی صبحانه مخلوطی از برگه ذرت و میوه های خشک شده و خشکبار که معمولا با شیر خورده می شود

мюсли

کورن‌فلکس

корнфлейкс

آرد

брашно

کرواسان

кроасан

نان بروتشن

хлебчета

نان

хляб

نان تست

препечена филийка

بیسکویت

бисквити

گره

масло

کشک

извара

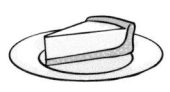

کیک

сладкиш

تخم مرغ

яйце

تخم مرغ نیمرو

яйца на очи

پنیر

сирене

بستنی

сладолед

شکر

захар

عسل

мед

مربا

мармалад

کرم شکلاتی بادامی

нуга крем

ادویه کاری

къри

مزرعه

селски двор

خانه ی مزرعه داران
селска къща
خرمن‌گاه
бала сено
انبار غله
плевня
مزرعه
поле
اسب
кон
ماشین یدک کش
ремарке
تراکتور
трактор
کره اسب
конче
خر
магаре
گوسفند
овца
بره
агне

بز

коза

گاو ماده

крава

گوساله

теле

خوک

свиня

بچه خوک

прасенце

گاو نر

бик

غاز

гъска

اردک

патица

جوجه

пиленце

مرغ

кокошка

خروس

петел

موش صحرایی

плъх

گربه

котка

موش

мишка

گاو نر اخته

вол

سگ

куче

لانه ی سگ

кучешка колиба

شلنگ باغبانی

градински маркуч

آبپاش

лейка

داس دسته بلند

коса

گاوآهن

плуг

28   مزرعه - селски двор

داس

сърп

کج بیل

мотика

چنگک باغبانی

вила за тор

تبر

брадва

فرقون

ръчна количка

آبشخور

корито

بطری نگهداری شیر

съд за мляко

کیسه

чувал

حصار

ограда

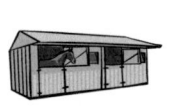

اصطبل

обор

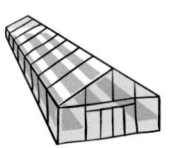

گلخانه

парник

خاک

земя

بذر

сеитба

کود

тор

ماشین کمباین

комбайн

برداشت کردن محصول

....

жъна

محصول

....

реколта

تمیس

....

ямс

گندم

....

жито

سویا

....

соя

سیب زمینی

....

картоф

ذرت

....

царевица

کلزا

....

рапица

درخت میوه

....

овощно дърво

گیاه مانیوک

....

маниока

غلات

....

зърнени храни

خانه

къща

دودکش
комин
پشت بام
покрив
ناودان
улук
پنجره
прозорец
زنگ در
звънец
گاراژ
гараж
در
врата
سطل آشغال
кофа за боклук
صندوق مراسلات
пощенска кутия
باغ
градина

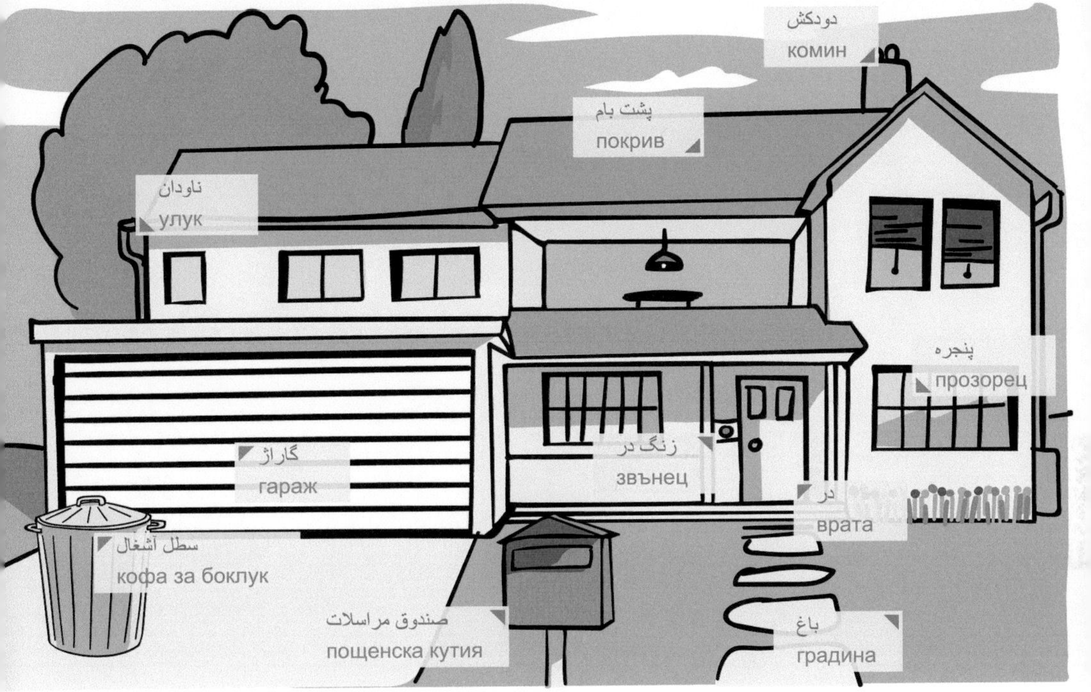

اتاق نشیمن

всекидневна

حمام

баня

آشپزخانه

кухня

اتاق خواب

спалня

اتاق بچه

детска стая

ناهارخوری

трапезария

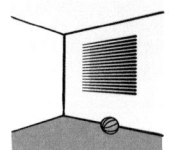

كف زمين

под

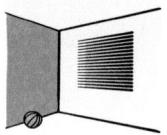

ديوار

стена

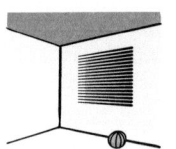

سقف

таван

زيرزمين

изба

سونا

сауна

بالكن

балкон

تراس

тераса

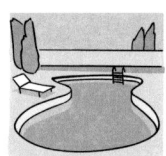

استخر

плувен басейн

ماشين چمن‌زنى

косачка

ملافه

спално бельо

روتختى

покривка за легло

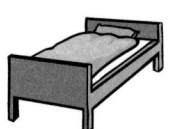

تخت خواب

легло

جارو

метла

سطل

кофа

سويچ يا كليد

електрически ключ

اتاق نشیمن

всекидневна

کاغذ دیواری
عکس
картина
لامپ
лампа
قفسه
рафт
کابینت
шкаф
تلویزیون
телевизор
شومینه
камина
گل
цвете
کوسن
възглавница
کاناپه
канапе
گلدان
ваза
کنترل تلویزیون و ویدئو و غیره
дистанционно управление

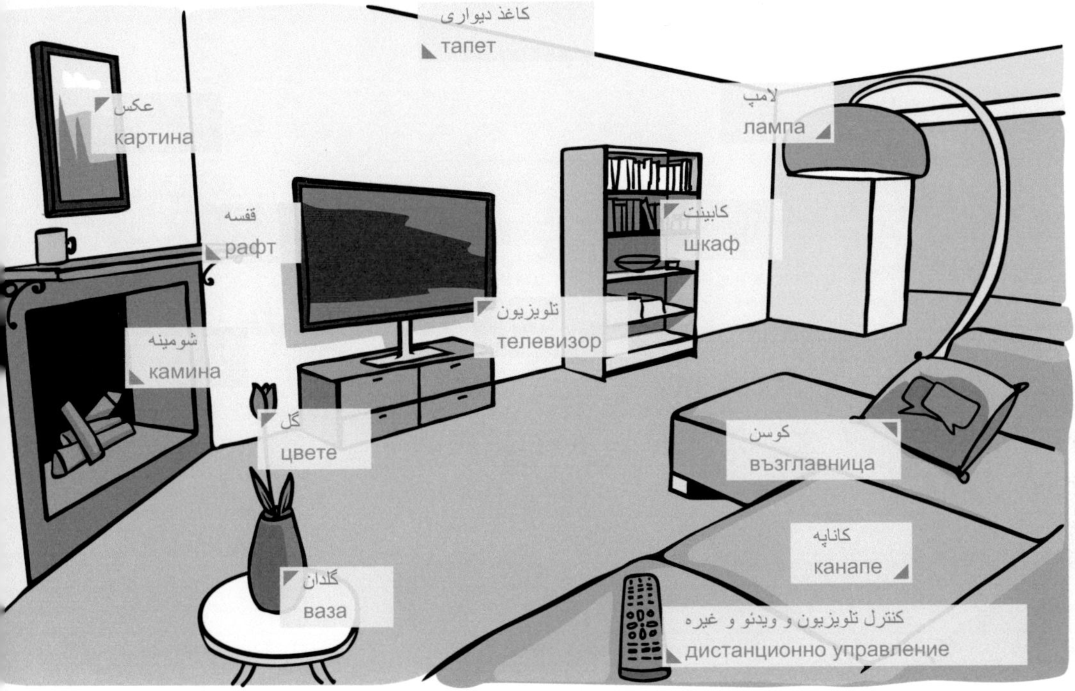

فرش
килим

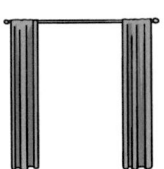

پرده
завеса

میز
маса

صندلی
стол

صندلی گهواره ایی
люлеещ се стол

صندلی راحتی
кресло

کتاب

книга

لحاف

одеяло

دکوراسیون

декорация

هیزم

дърва за отопление

فیلم

филм

دستگاه ضبط صوت

стерео уредба

کلید

ключ

روزنامه

вестник

تابلو نقاشی

живопис

پوستر

постер

رادیو

радио

دفترچه یادداشت

бележник

جاروبرقی

прахосмукачка

کاکتوس

кактус

شمع

свещ

آشپزخانه

кухня

хладилник
ماکروویو
кухненска везна
тостер
ماده شوینده و پاک کننده
почистващо средство
فر خوراک پزی
фурна
جایخی
хладилна камера
سطل آشغال
кофа за боклук
ماشین ظرفشویی
миялна машина

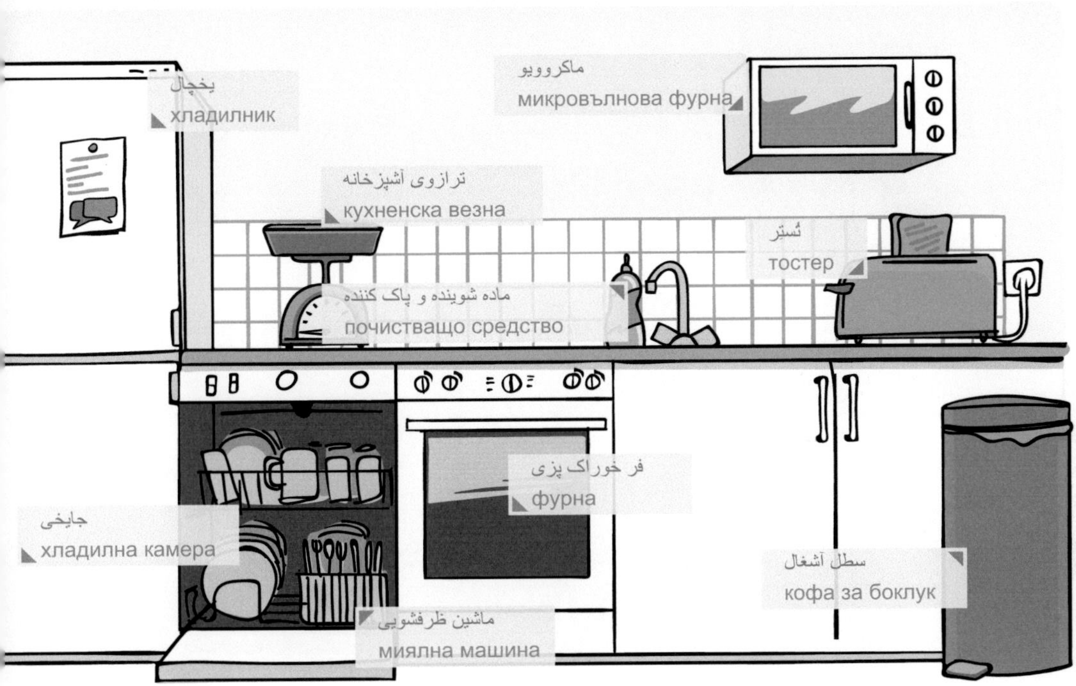

اجاق گاز

готварска печка

قابلمه

тенджера

قابلمه چدنی

желязна тенджера

ماهی تابه گود

уок / кадаи

ماهی تابه

тиган

کتری

кана за затопляне на вода

بخارپز

уред за готвене на пара

سینی فر

тава за печене

ظرف چینی آشپزخانه

съдове

لیوان

чаша

کاسه

купа

چاپستیک

клечки за хранене

ملاقه

черпак

کفگیر

лопатка за тиган

همزن

тел за разбиване (на яйца, белтъци)

آبکش

кошница за варене

آبکش

гевгир

رنده

ренде

هاون

хаван

باربیکیو

барбекю

محل مخصوص افروختن آتش

огнище

تخته گوشت و سبزی

дъска

وردنه

точилка

در بطری بازکن

тирбушон

قوطی

кутия

در قوطی بازکن

отварачка за консерви

دستگیره پارچه ای

кухненска ръкохватка

سینک ظرفشویی

мивка

برس گردگیری

четка

اسفنج

гъба

مخلوط کن

миксер

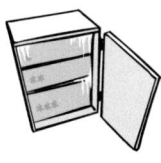

فریزر

фризер

شیشه شیر بچه

бебешко шише

شیر آب

воден кран

حمام

баня

دوش
душ
بخاری
отопление
حوله
хавлиена кърпа
پرده ی حمام
завеса за баня
حمام کف
шампоан за вана
وان حمام
вана
لیوان
стъклена чаша
ماشین لباسشویی
перална машина
شیر آب
воден кран
کاشی
плочки
لگن دستشویی کودکان
гърне
سینک ظرفشویی
мивка

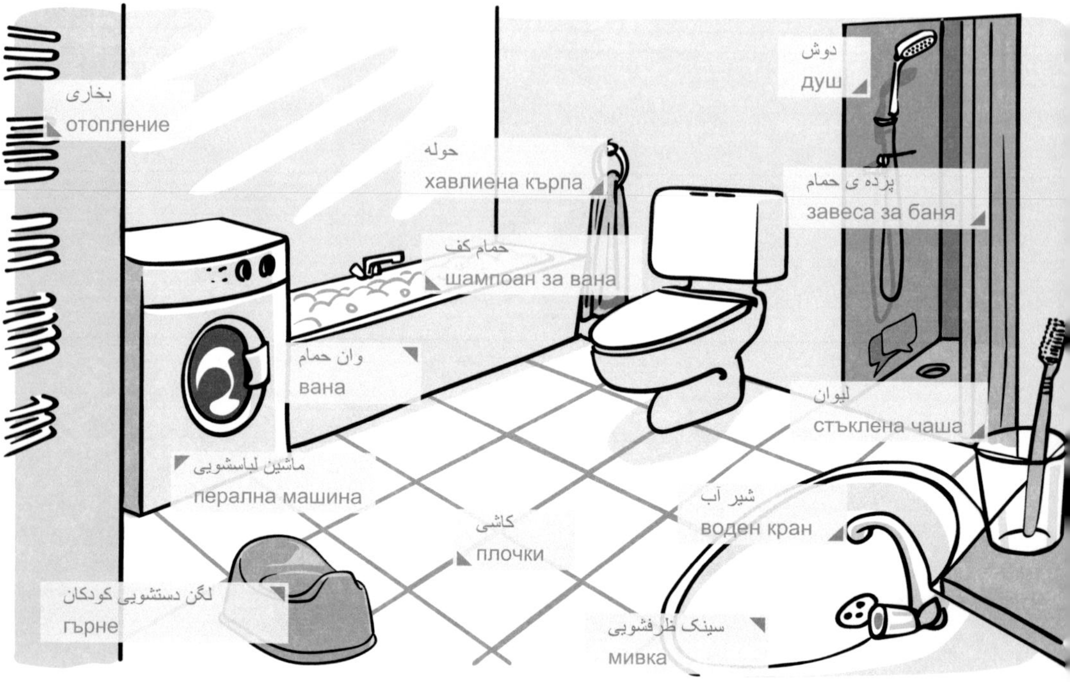

توالت

тоалетна

توالت ایرانی

клекало

کاسه توالت

биде

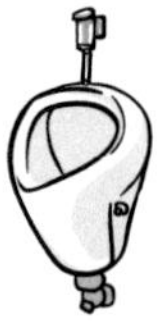

توالت مخصوص آقایان

писоар

دستمال توالت

тоалетна хартия

فرچه توالت

четка за тоалетна

مسواک

четка за зъби

خمیردندان

паста за зъби

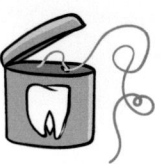

نخ دندان

конец за зъби

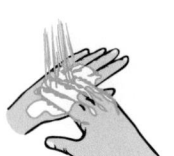

شستن

мия

دوش آب تلفنی

ръчен душ

شلنگ توالت

интимен душ

لگن روشویی

леген

برس شست و شوی پشت

четка за гръб

صابون

сапун

شامپو بدن

душ гел

شامپو

шампоан за вана

لیف حمام

гъба за баня

راه آب

сифон

کرم

крем

اسپری دئودورانت

дезодорант

آیینه

огледало

آیینه ی کوچک دستی

козметично огледало

تیغ ریش تراشی

ръчна самобръсначка

کف ریش‌تراشی

пяна за бръснене

افترشیو

одеколон за след бръснене

شانه ی سر

гребен

برس

четка

سشوار

сешоар

اسپری مو

спрей за коса

آرایش

грим

رژلب

червило

لاک ناخن

лак за нокти

پنبه

памук

قیچی ناخن

ножица за нокти

عطر

парфюм

کیف لوازم آرایشی و بهداشتی

тоалетна чантичка

چهارپایه

табуретка

ترازو

везна

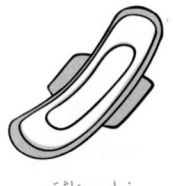

حوله ی پالتویی

хавлия

دستکش ظرفشویی

домакински ръкавици

تامپون

тампон

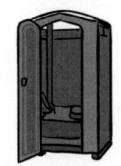

نوار بهداشتی

дамски превръзки

توالت سیار

химическа тоалетна

اتاق بچه
детска стая

ساعت زنگدار
будилник
نوعی عروسک نرم به شکل حیوانات
плюшена играчка
ماشین اسباب بازی
автомобил играчка
جغجغه
дрънкалка
خانه ی عروسکی
къща за кукли
کادو
подарък

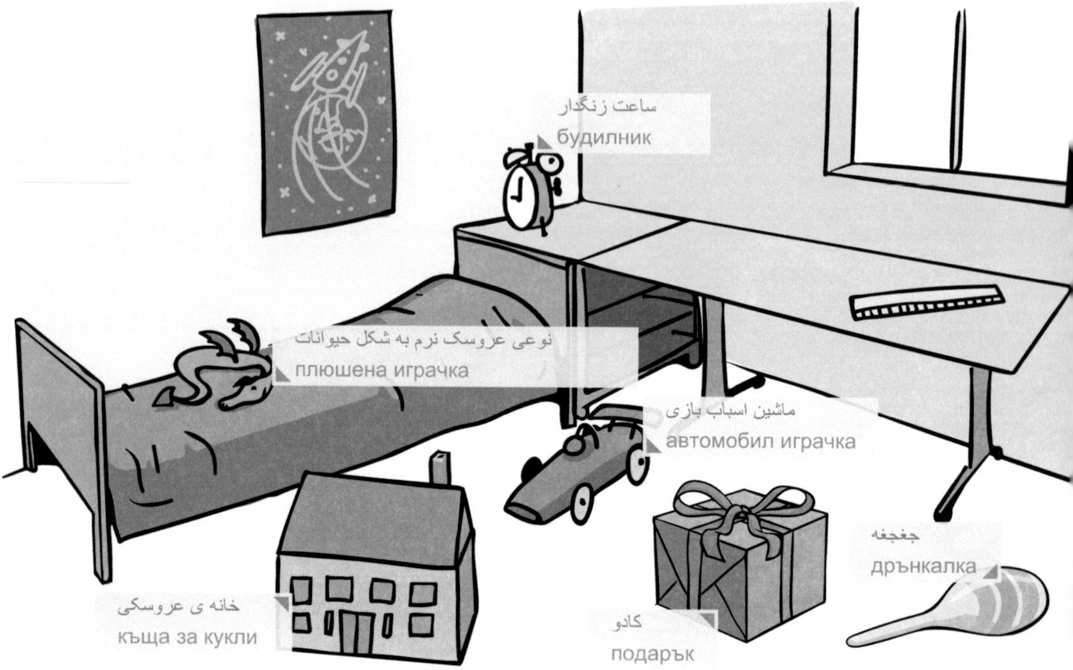

بادکنک

балон

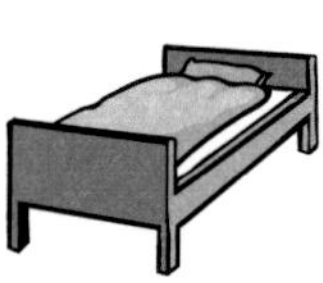

تخت خواب

легло

کالسکه بچه

детска количка

بازی ورق

игра на карти

پازل

пъзел

داستان مصور

комикс

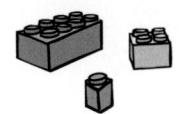

اسباب بازی لگو

....

лего елементи

خانه سازی

....

строителни елементи

عروسک شخصیت های فیلم و کارتون

....

екшън фигурка

لباس نوزاد

....

бебешки гащеризон

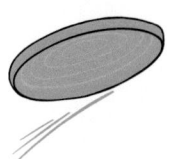

فریزبی

....

фрисби

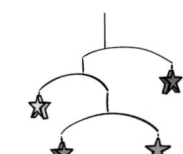

نوعی اسباب بازی که روی تخت نوزاد
یا کودک نصب می شود

....

бебешки играчки за легло

بازی روی صفحه

....

настолна игра

تاس

....

зарче

قطار اسباب بازی

....

миниатюрно влакче

پستانک

....

биберон

مهمانی

....

парти

کتاب مصور

....

детска книга с илюстрации

توپ

....

топка

عروسک

....

кукла

بازی کردن

....

играя

جعبه شنی مخصوص بازی کودکان

пясъчник

تاب

люлка

اسباب بازی

играчка

کنسول بازی های کامپیوتری

игрова конзола

سه چرخه

велосипед с три колелета

خرس عروسکی

плюшено мече

کمد لباس

гардероб

لباس

облекло

جوراب

къси чорапи

جوراب زنانه ساق بلند

дълги чорапи

جوراب شلواری

чорапогащник

شال
шал

چتر
чадър

تی شرت

کمربند
колан

کفش ورزشی کتانی
гуменки

پوتین
ботуши

دمپایی
пантофи

صندل

сандали

کفش

обувки

چکمه پلاستیکی

гумени ботуши

شرت

слип

سوتین

сутиен

جلیقه

долна блуза

بادی

боди

شلوار

панталон

جین

дънки

دامن

пола

بلوز

блуза

پیراهن

риза

پولیور

пуловер

سویی شرت

суичър

نوعی کت

блейзър

ژاکت

яке

کت بلند

палто

بارانی

дъждобран

لباس نمایش

костюм

لباس

рокля

لباس عروس

булчинска рокля

كت و شلوار

костюм

لباس خواب زنانه

нощница

پیژامه

пижама

ساری

сари

روسری

кърпа за глава

عمامه

тюрбан

برقع

бурка

قبا

кафтан

عبا

абая

لباس شنا

бански костюм

شرت شنا

плувни шорти

شلوارک

къс панталон

لباس ورزشی

анцуг

پیشبند

престилка

دستکش

ръкавици

دکمه

копче

عینک

очила

دستبند

гривна

گردنبند

верижка

انگشتر

пръстен

گوشواره

обеца

کلاه لبه دار

каскет

چوب لباسی

закачалка

کلاه

шапка

کراوات

вратовръзка

زیپ

цип

کلاه ایمنی

каска

بند شلوار

тиранти

لباس مدرسه

ученическа униформа

لباس فرم

униформа

پیش بند بچه

лигавник

پستانک

биберон

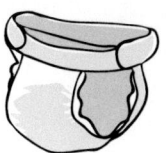

پوشک بچه

пелена

اداره

офис

سرور
сървър
کمد نگهداری پرونده
шкаф за документи
چاپگر
принтер
کاغذ
хартия
مانیتور
монитор
ماوس
мишка
میز تحریر
бюро
زونکن
папка
صفحه کلید
клавиатура
سبد کاغذ باطله
кошче за хартиени отпадъци
کامپیوتر
компютър
صندلی
стол

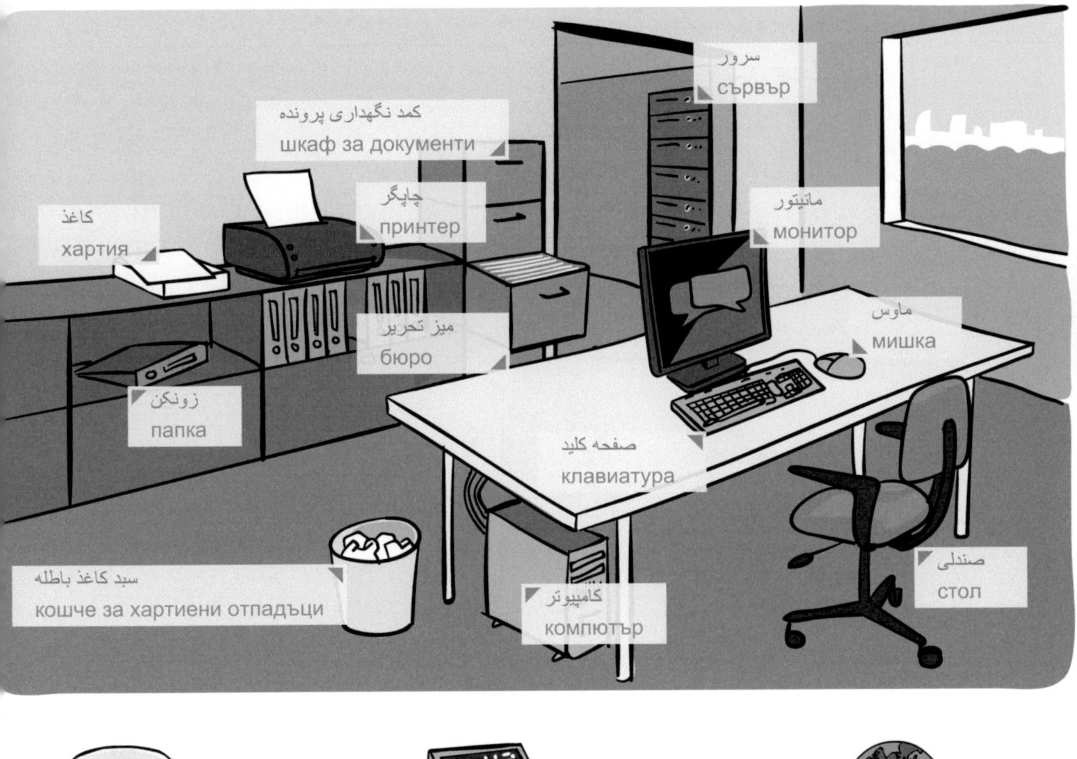

لیوان قهوه

чаша за кафе

ماشین حساب

джобен калкулатор

اینترنت

интернет

لپ تاپ

лаптоп

نامه

писмо

پیغام

съобщение

تلفن همراه

мобилен телефон

شبکه ی ارتباطی

мрежа

دستگاه فتوکپی

ксерокс

نرم افزار

софтуер

تلفن

телефон

پریز

контакт

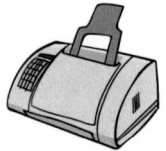

دستگاه فاکس

факс

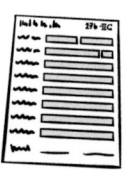

فرم

формуляр

مدرک

документ

خریدن

купувам

پرداخت کردن

плащам

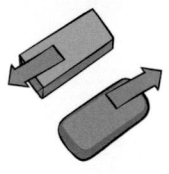

تجارت کردن

търгувам

پول

пари

دلار

долар

یورو

евро

ین

йена

روبل

рубла

فرانک سوئیس

швейцарски франк

یوان رنمینبی

ренминби юан

روپیه

рупия

دستگاه خودپرداز

банкомат

صرافی

обменно бюро

طلا

злато

نقره

сребро

نفت

нефт

انرژی

енергия

قیمت

цена

قرارداد

договор

مالیات

данък

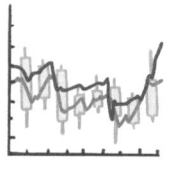

سهام سرمایه

акция

کار کردن

работя

کارمند

служител

کارفرما

работодател

کارخانه

фабрика

مغازه

магазин за цветя

مشاغل

професии

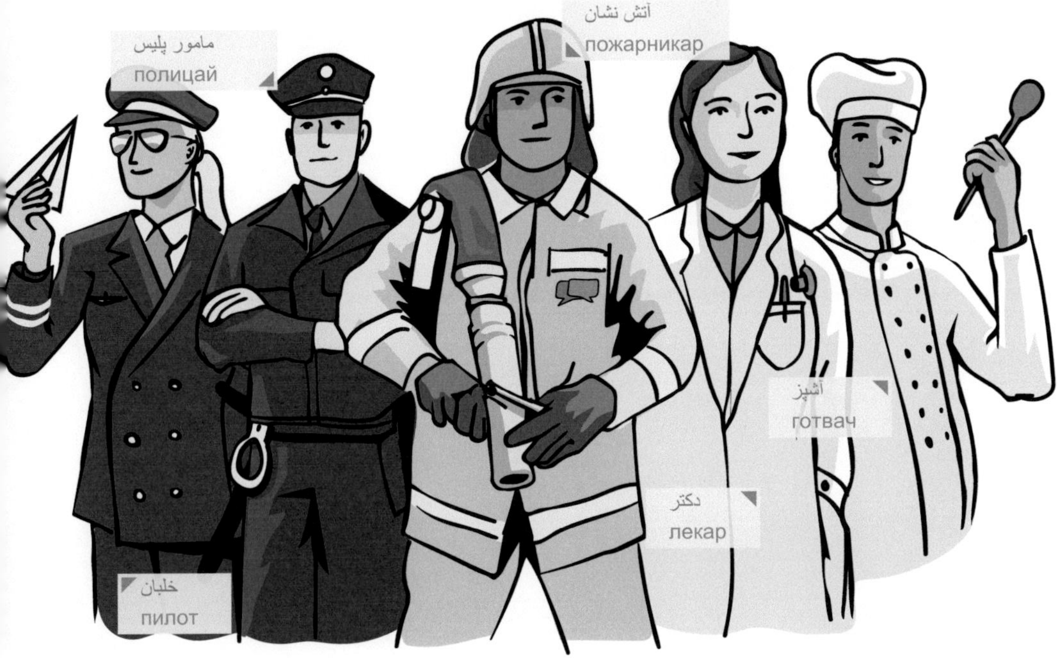

آتش نشان
пожарникар
مامور پلیس
полицай
آشپز
готвач
دکتر
лекар
خلبان
пилот

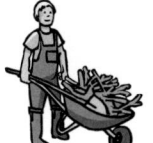

باغبان

градинар

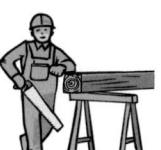

نجار

мебелист

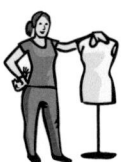

خیاط زنانه

шивачка

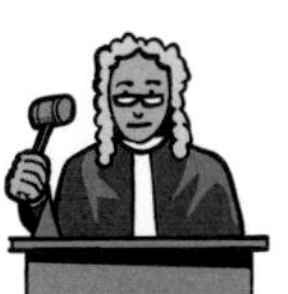

قاضی

съдия

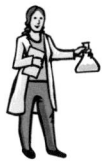

شیمیدان

химик

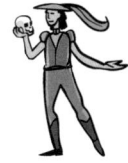

بازیگر

артист

راننده اتوبوس

шофьор на автобус

راننده تاکسی

шофьор на такси

ماهیگیر

рибар

نظافتچی زن

чистачка

سقف ساز

майстор на покриви

پیشخدمت رستوران

келнер

شکارچی

ловец

نقاش

художник

نانوا

хлебар

برقکار

електротехник

کارگر ساختمانی

строителен работник

مهندس

инженер

قصاب

касапин

لوله کش

тенекеджия

پستچی

пощальон

سرباز

войник

معمار

архитект

صندوقدار

касиер

گل فروش

цветар

آرایشگر

фризьор

مامور کنترل بلیط در قطار

кондуктор

مکانیک

механик

ناخدا

капитан

دندانپزشک

зъболекар

دانشمند

научен работник

عالم یهودی

равин

امام

имàм

راهب

монах

کشیش

свещеник

ابزارآلات

инструменти

چکش
чук
انبردست
клещи
پیچ گوشتی
отвертка
آچار
гаечен ключ
چراغ قوه
джобна лампа

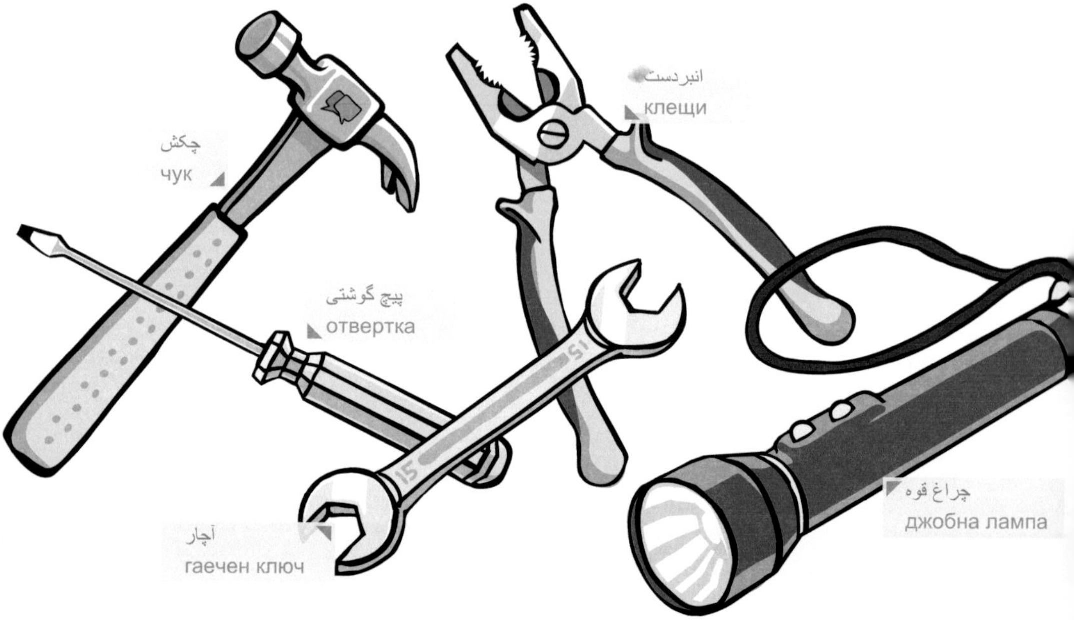

بیل مکانیکی

багер

جعبه ابزار

кутия за инструменти

نردبان

стълба

ارّه

трион

میخ

пирони

مته

бормашина

تعمیر کردن

ремонтирам

بیل

лопата

لعنتی!

По дяволите!

خاک انداز

лопатка за смет

سطل رنگرزی

кутия за боя

پیچ

болтове

آلات موسیقی

музикални инструменти

بلندگو
високоговорител

درامز
ударни инструменти

گیتار
китара

کنترباس
контрабас

ترومپت
тромпет

پیانو

пиано

ویولن

виолина

گیتار بیس

контрабас

تیمپانی

тимпан

طبل

барабан

کیبورد الکتریک

електрическо пиано

ساکسیفون

саксофон

فلوت

флейта

میکروفون

микрофон

باغ وحش

зоологическа градина

ورودی
вход
ببر
قفس
бръмбар
گورخر
зебра
خوراک حیوانات
храна за животни
خرس پاندا
панда

حیوانات

животни

فیل

слон

کانگورو

кенгуру

کرگدن

носорог

گوریل

горила

خرس

мечка

شتر

камила

شترمرغ

щраус

شیر

лъв

میمون

маймуна

فلامینگو

фламинго

طوطی

папагал

خرس قطبی

бяла мечка

پنگوئن

пингвин

کوسه

акула

طاووس

паун

مار

змия

تمساح

крокодил

نگهبان باغ وحش

пазач в зоологическа градина

خوک آبی

тюлен

پلنگ امریکایی

ягуар

اسب کوچک

пони

پلنگ

леопард

اسب آبی

хипопотам

زرافه

жираф

عقاب

орел

گراز

диво прасе

ماهی

риба

لاک پشت

костенурка

شیرماهی

морж

روباه

лисица

غزال

газела

فوتبال آمریکایی
американски футбол

دوچرخه سواری
колоездене

تنیس
тенис

بسکتبال
баскетбол

شنا
плуване

بوکس
бокс

هاکی روی یخ
хокей на лед

فوتبال
футбол

بدمینتون
бадминтон

دوومیدانی
лека атлетика

هندبال
хандбал

اسکی
ски бягане

پولو
поло

فعالیت ها

дейности

خندیدن
смея се
پریدن
скачам
بغل کردن
прегръщам
راه رفتن
вървя
آواز خواندن
пея
رؤیا دیدن
сънувам
دعا کردن
моля се
بوسیدن
целувам

نوشتن

пиша

رسم کردن

рисувам

نشان دادن

показвам

هل دادن

бутам

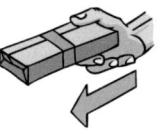

دادن

давам

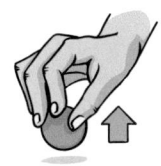

برداشتن

взимам

داشتن

имам

انجام دادن

правя

بودن

съм

ایستادن

стоя

دویدن

тичам

کشیدن

дърпам

پرتاب کردن

хвърлям

افتادن

падам

دراز کشیدن

лежа

منتظر بودن

чакам

حمل کردن

нося

نشستن

седя

لباس پوشیدن

обличам

خوابیدن

спя

بیدار شدن

събуждам се

تماشا کردن

разглеждам

گریه کردن

плача

نوازش کردن

милвам

شانه کردن

реша се

حرف زدن

говоря

فهمیدن

разбирам

پرسیدن

питам

شنیدن

слушам

آشامیدن

пия

خوردن

ям

مرتب کردن

разтребвам

عاشق بودن

обичам

پختن

готвя

رانندگی کردن

карам автомобил

پرواز کردن

летя

قایقرانی کردن

плавам (с платна)

محاسبه کردن

смятане

خواندن

чета

یاد گرفتن

уча

کار کردن

работя

ازدواج کردن

женя се

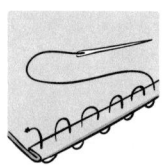

دوختن

шия

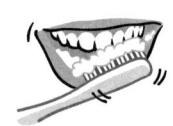

مسواک زدن

измивам си зъбите

کشتن

убивам

سیگار کشیدن

пуша

فرستادن

изпращам

семейство

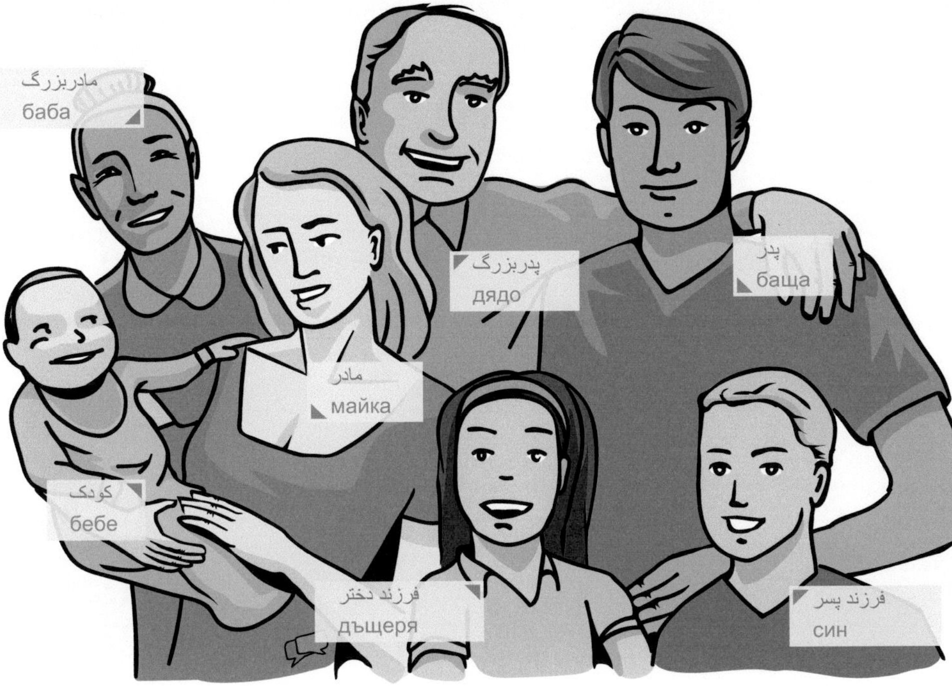
مادربزرگ
баба
پدربزرگ
дядо
پدر
баща
مادر
майка
کودک
бебе
فرزند دختر
дъщеря
فرزند پسر
син

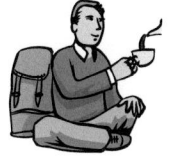

مهمان

посетител

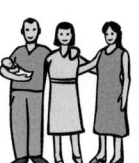

خاله، عمه

леля

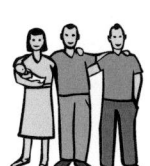

دایی، عمو

чичо

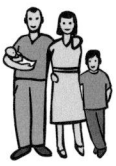

برادر

брат

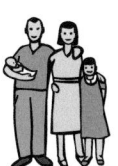

خواهر

сестра

بدن

тяло

پیشانی
چشم
око
شانه
рамо
انگشت دست
пръст
صورت
лице
چانه
брадичка
دست
ръка
سینه
гърди
ساق پا
крак
بازو
ръка

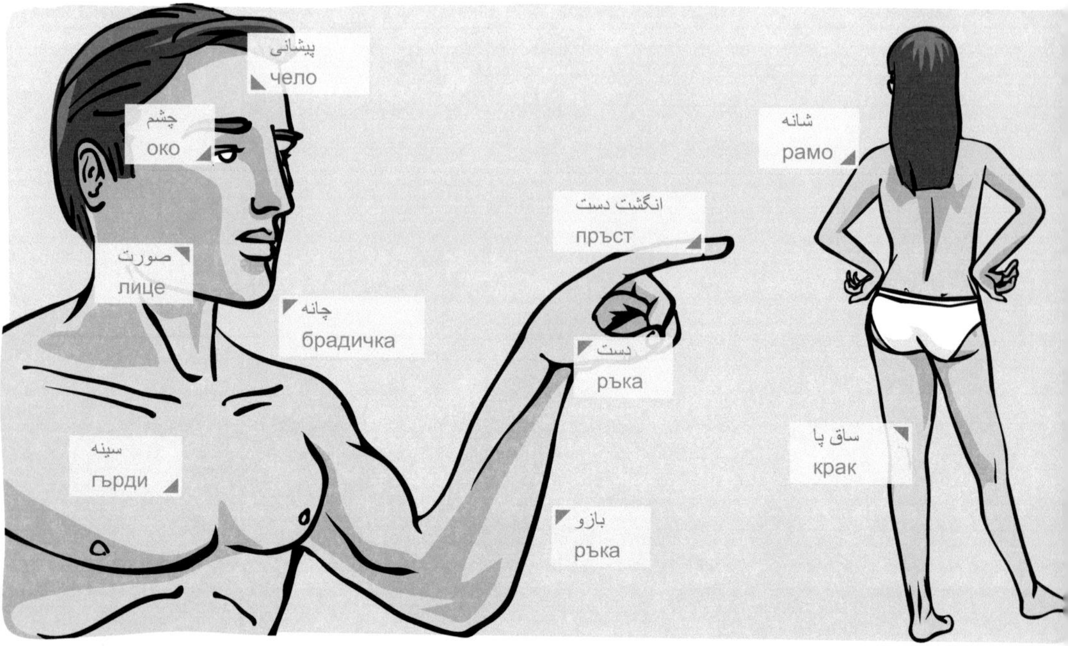

کودک

бебе

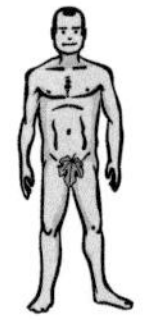

مرد

мъж

زن

жена

دختربچه

момиче

پسربچه

момче

کله

глава

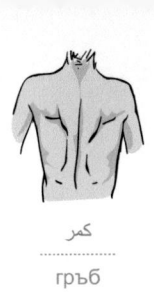

کمر

гръб

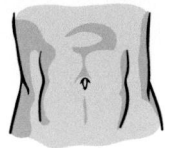

شکم

корем

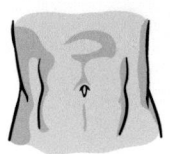

ناف

пъп

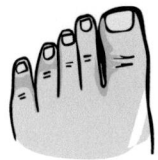

انگشت پا

пръст на крака

پاشنه

пета

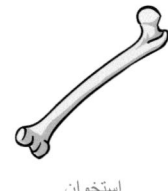

استخوان

кост

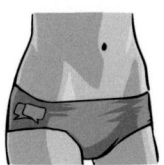

لگن

хълбок

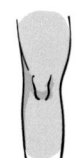

زانو

коляно

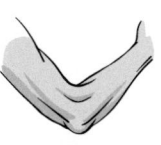

آرنج

лакът

بینی

нос

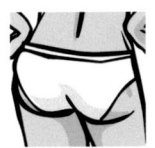

نشیمنگاه

седалище

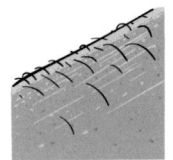

پوست

кожа

گونه

буза

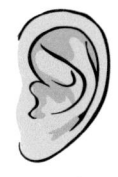

گوش

ухо

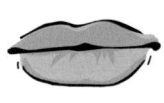

لب

устна

دهان

уста

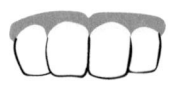

دندان

зъб

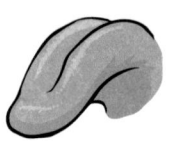

زبان

език

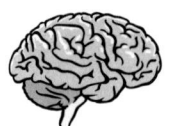

مغز

мозък

قلب

сърце

عضله

мускул

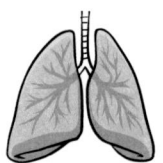

ریه

бял дроб

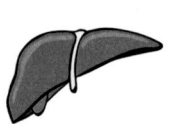

کبد

черен дроб

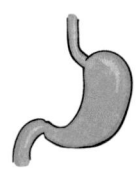

معده

стомах

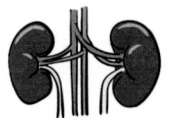

کلیه

бъбреци

آمیزش جنسی

полово сношение

کاندوم

кондом

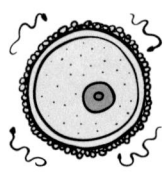

تخمک

яйцеклетка

اسپرم

сперма

حاملگی

бременност

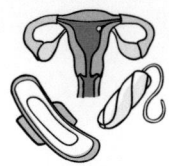

پريود

менструация

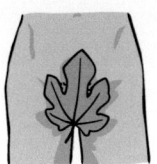

واژن

вагина

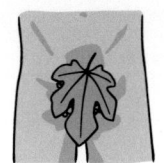

ألت تناسلى مرد

пенис

ابرو

вежда

مو

коса

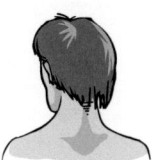

گردن

шия

بدن - ТЯЛО

71

بيمارستان

болница

بيمارستان
болница
آمبولانس
линейка
صندلی چرخ دار
инвалидна количка
شکستگی
фрактура

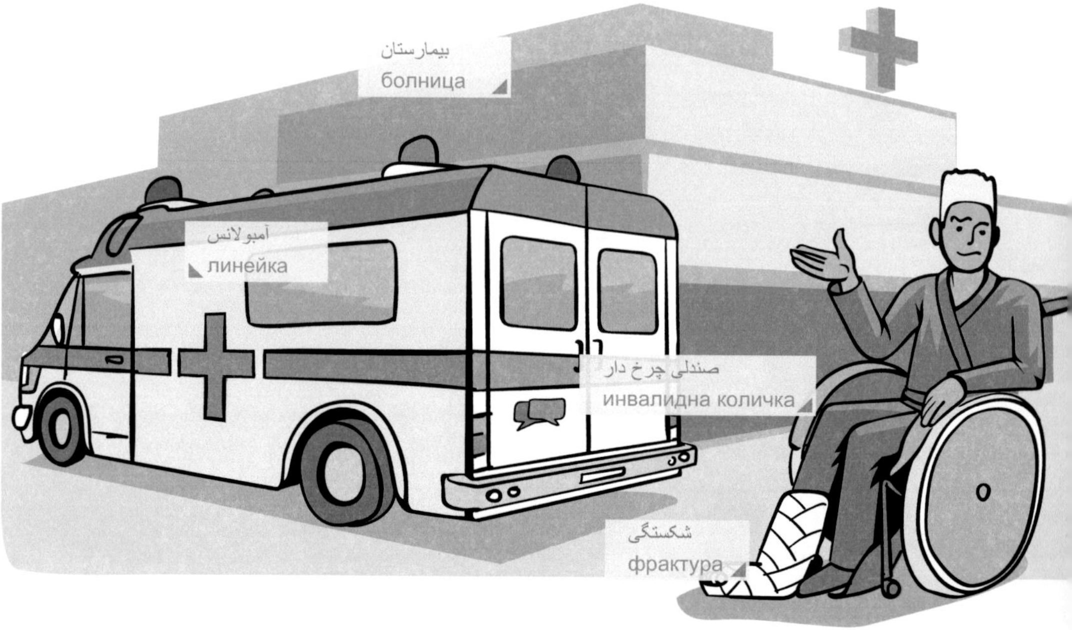

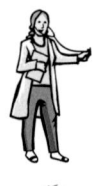

دکتر

лекар

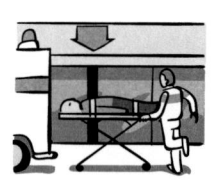

بخش اورژانس

спешна хоспитализация

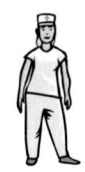

پرستار

медицинска сестра

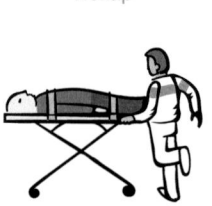

موقعیت اضطراری

спешен случай

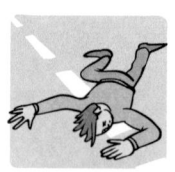

بی هوش

в безсъзнание

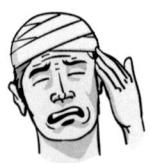

درد

болка

مصدوميت

нараняване

خونريزى

кървене

سكته قلبى

инфаркт

سكته مغزى

инсулт

آلرژى

алергия

سرفه

кашлица

تب

температура

آنفولانزا

грип

اسهال

диария

سردرد

главоболие

سرطان

рак

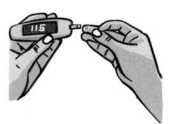

ديابت

диабет

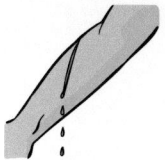

جراح

хирург

چاقوى جراحى

скалпел

عمل جراحى

операция

سی تی اسکن

компютърна томография

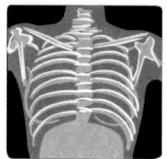

پرتونگاری

рентген

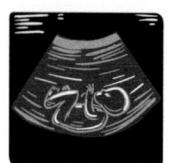

سونوگرافی

ултразвук

ماسک صورت

маска

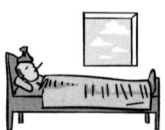

بیماری

болест

اتاق انتظار

чакалня

چوب زیر بغل

патерица

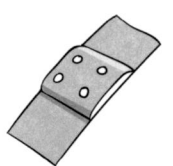

چسب زخم

пластир

پانسمان

превръзка

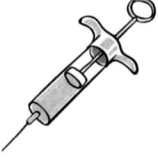

تزریق

инжекция

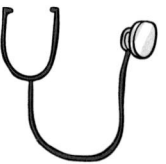

گوشی طبی

стетоскоп

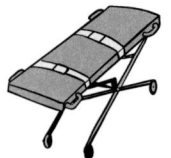

برانکار

носилка

دماسنج

термометър

زایش

раждане

اضافه وزن

наднормено тегло

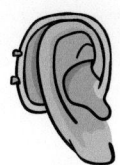

سمعک

слухов апарат

ماده ضد غفونی کننده

дезинфекционно средство

عفونت

инфекция

ویروس

вирус

اچ آی وی / ایدز

HIV / AIDS

دارو

медицина

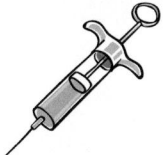

واکسیناسیون

ваксинация

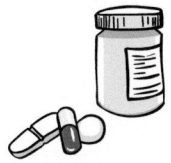

قرص

таблети

قرص ضد حاملگی

противозачатъчна
таблетка

تماس اظطراری

спешно телефонно
обаждане

دستگاه اندازه گیری فشارخون

апарат за измерване на
кръвното налягане

مریض / سالم

болен / здрав

موقعیت اضطراری

спешен случай

کمک!

Помощ!

آژیر خطر

сигнал за тревога

حمله

нападение

حمله ی فیزیکی

атака

خطر

опасност

خروج اظطراری

авариен изход

آتش

Пожар!

کپسول آتش‌نشانی

пожарогасител

تصادف

злополука

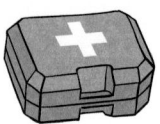

جعبه کمک های اولیه

комплект за оказване на първа помощ

درخواست کمک

SOS

پلیس

полиция

کره زمین

Земя

اروپا

Европа

آمریکای شمالی

Северна Америка

آمریکای جنوبی

Южна Америка

آفریقا

Африка

آسیا

Азия

استرالیا

Австралия

اقیا نوس اطلس

Атлантически океан

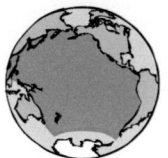

اقیانوس آرام

Тихи океан

اقیانوس هند

Индийски океан

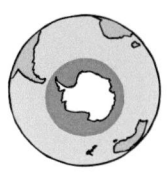

اقیا نوس اطلس جنوبی

Южен ледовит океан

اقیانوس منجمد شمالی

Северен ледовит океан

قطب شمال

Северен полюс

قطب جنوب

Южен полюс

قاره قطب جنوب

Антарктида

کره زمین

Земя

سرزمین

суша

دریا

море

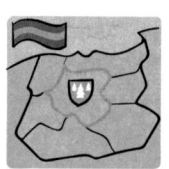

جزیره

остров

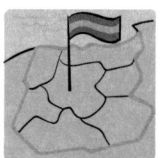

ملت

нация

کشور

държава

ساعت

часовник

صفحه ی ساعت

циферблат

ساعت شمار

стрелка на часовете

دقیقه شمار

стрелка на минутите

ثانیه شمار

стрелка на секундите

ساعت چند است؟

Колко е часът?

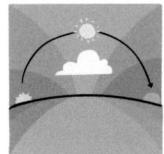

روز

ден

زمان

време

اکنون

сега

ساعت دیجیتال

дигитален часовник

دقیقه

минута

ساعت

час

седмица

دوشنبه
понеделник

سه شنبه
вторник

چهارشنبه
сряда

پنج شنبه
четвъртък

جمعه
петък

شنبه
събота

یک شنبه
неделя

دیروز
вчера

امروز
днес

فردا
утре

صبح
сутрин

ظهر
обед

غروب
вечер

روزهای کاری
работни дни

آخر هفته
уикенд

باران
دъжд

رنگین کمان
дъга

باد
вятър

برف
сняг

بهار
пролет

تابستان
лято

پاییز
есен

زمستان
зима

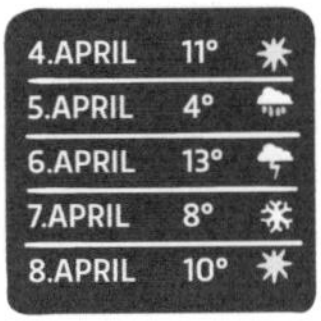

4.APRIL	11°	☀
5.APRIL	4°	⛅
6.APRIL	13°	⛅
7.APRIL	8°	❄
8.APRIL	10°	☀

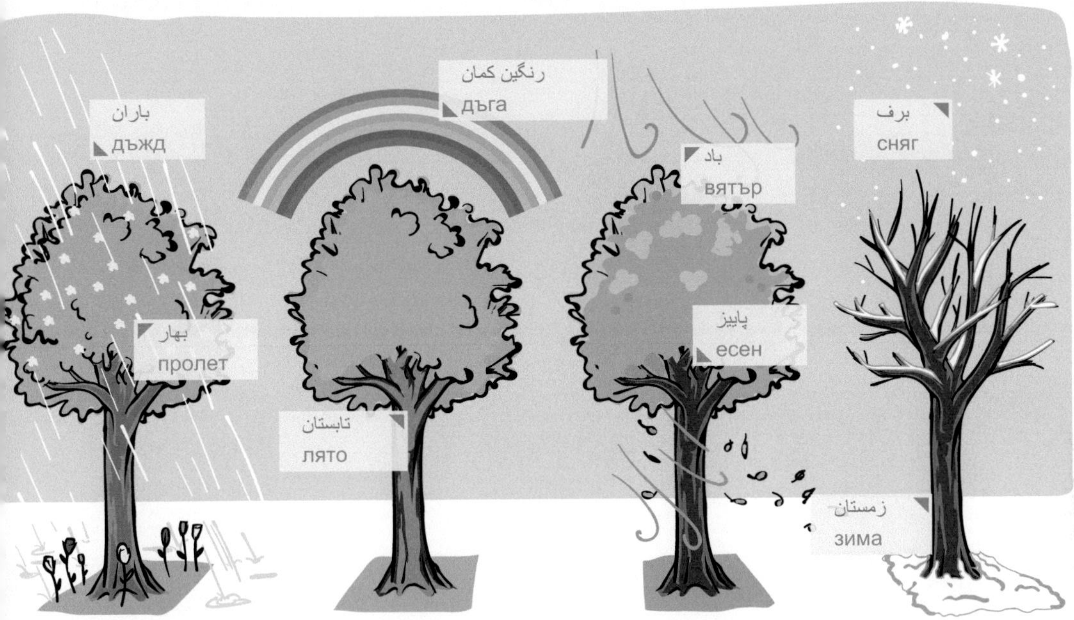

پیش‌بینی اوضاع جوی

прогноза за времето

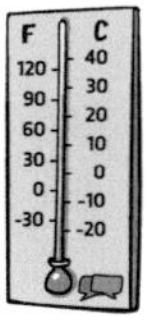

دماسنج

термометър

تابش آفتاب

слънчева светлина

ابر

облак

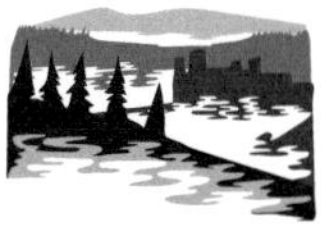

مه

мъгла

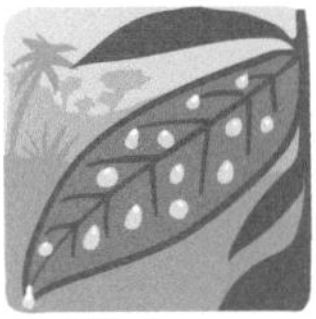

رطوبت هوا

влажност на въздуха

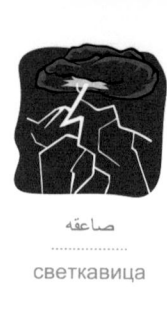

صاعقه

светкавица

آسمان غره

гръмотевица

طوفان

буря

تگرگ

градушка

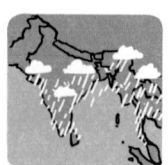

باد موسمی

мусон

سیل

наводнение

يخ

лед

ژانویه

януари

فوریه

февруари

مارس

март

آوریل

април

مه

май

ژوئن

юни

ژوئیه

юли

آگوست

август

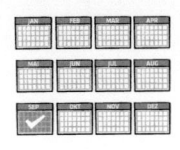

سپتامبر

септември

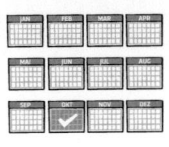

اکتبر

октомври

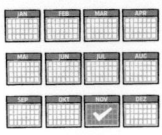

نوامبر

ноември

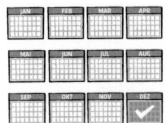

دسامبر

декември

آشکال

форми

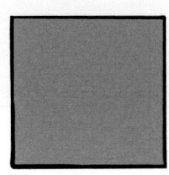

دایره

кръг

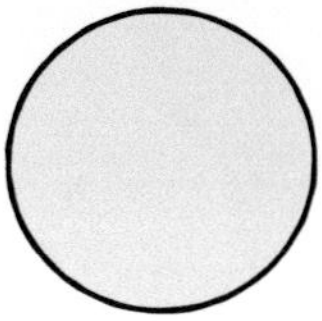

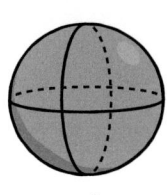

مربع

квадрат

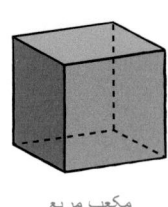

مستطیل

четириъгълник

سه گوش

триъгълник

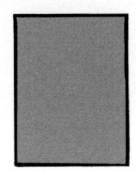

کره

сфера

مکعب مربع

куб

цветове

سفید

бял

زرد

жълт

نارنجی

оранжев

صورتی

розов

قرمز

червен

بنفش

лилав

آبی

син

سبز

зелен

قهوه ای

кафяв

خاکستری

сив

سیاه

черен

متضاد ها

противоположности

خیلی / کم

много / малко

خشمگین/ آرام

ядосан / спокоен

زیبا / زشت

красив / грозен

شروع / پایان

начало / край

بزرگ / کوچک

голям / малък

روشن / تیره

светъл / тъмен

برادر / خواهر

брат / сестра

تمیز / آلوده

чист / мръсен

کامل / ناقص

пълен / непълен

روز / شب

ден / нощ

مرده / زنده

мъртъв / жив

پهن / باریک

широк / тесен

قابل خوردن / غیر قابل خوردن

ядлив / неядлив

غضبناک / مهربان

сърдит / любезен

هیجان زده / بی حوصله

развълнуван / скучаещ

چاق / لاغر

дебел / тънък

اولین / آخرین

най-напред / най-накрая

دوست / دشمن

приятел / враг

پر / خالی

пълен / празен

سفت / نرم

твърд / мек

سنگین / سبک

тежък / лек

گرسنگی / تشنگی

глад / жажда

مریض / سالم

болен / здрав

غیرقانونی / قانونی

нелегален / легален

باهوش / خنگ

интелигентен / глупав

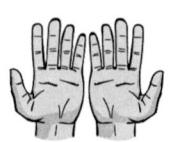

چپ / راست

ляво / дясно

نزدیک / دور

близо / далече

نو / استفاده شده

нов / употребяван

هیچ چیز / چیزی

нищо / нещо

پیر / جوان

стар / млад

روشن / خاموش

вкл. / изкл.

باز / بسته

отворен / затворен

آهسته / بلند

тих / силен (звук)

ثروتمند / فقیر

богат / беден

درست / غلط

правилен / погрешен

زبر / صاف

грапав / гладък

غمگین / خوشحال

тъжен / щастлив

کوتاه / بلند

дълъг / къс

کند / تند

бавен / бърз

تَر / خشک

мокър / сух

گرم / خنک

топъл / студен

جنگ / صلح

война / мир

0

صفر
....
нула

1

یک
....
едно

2

دو
....
две

3

سه
....
три

4

چهار
....
четири

5

پنج
....
пет

6

شش
....
шест

7

هفت
....
седем

8

هشت
....
осем

9

نه
....
девет

10

ده
....
десет

11

یازده
....
единадесет

12

دوازده

дванадесет

13

سیزده

тринадесет

14

چهارده

четиринадесет

15

پانزده

петнадесет

16

شانزده

шестнадесет

17

هفده

седемнадесет

18

هجده

осемнадесет

19

نوزده

деветнадесет

20

بیست

двадесет

100

صد

сто

1.000

هزار

хиляда

1.000.000

میلیون

милион

زبان ها

езици

انگلیسی

английски

انگلیسی آمریکایی

американски английски

چینی ماندارین

китайски мандарин

هندی

хинди

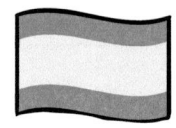

اسپانیایی

испански

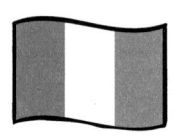

فرانسوی

френски

عربی

арабски

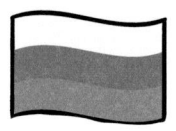

روسی

руски

پرتغالی

португалски

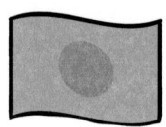

بنگالی

бенгалски

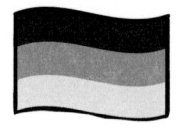

آلمانی

немски

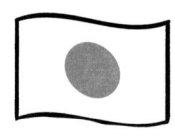

ژاپنی

японски

چه کسی / چه چیزی / چگونه

кой / какво / как

من

аз

تو

ти

او

той / тя / то

ما

ние

شما

вие

آنها

те

چه کسی؟ کی؟

кой?

چی؟

какво?

چگونه؟

как?

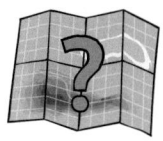

کجا؟

къде?

کِی؟

кога?

نام

име

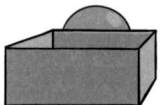

کجا

къде

پشت

зад

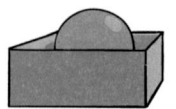

توی

в

جلو

пред

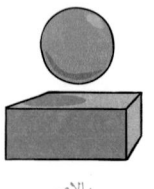

بالای

над

روی

върху

زیر

под

مجاور

до

بین

между

مکان

място